I0026482

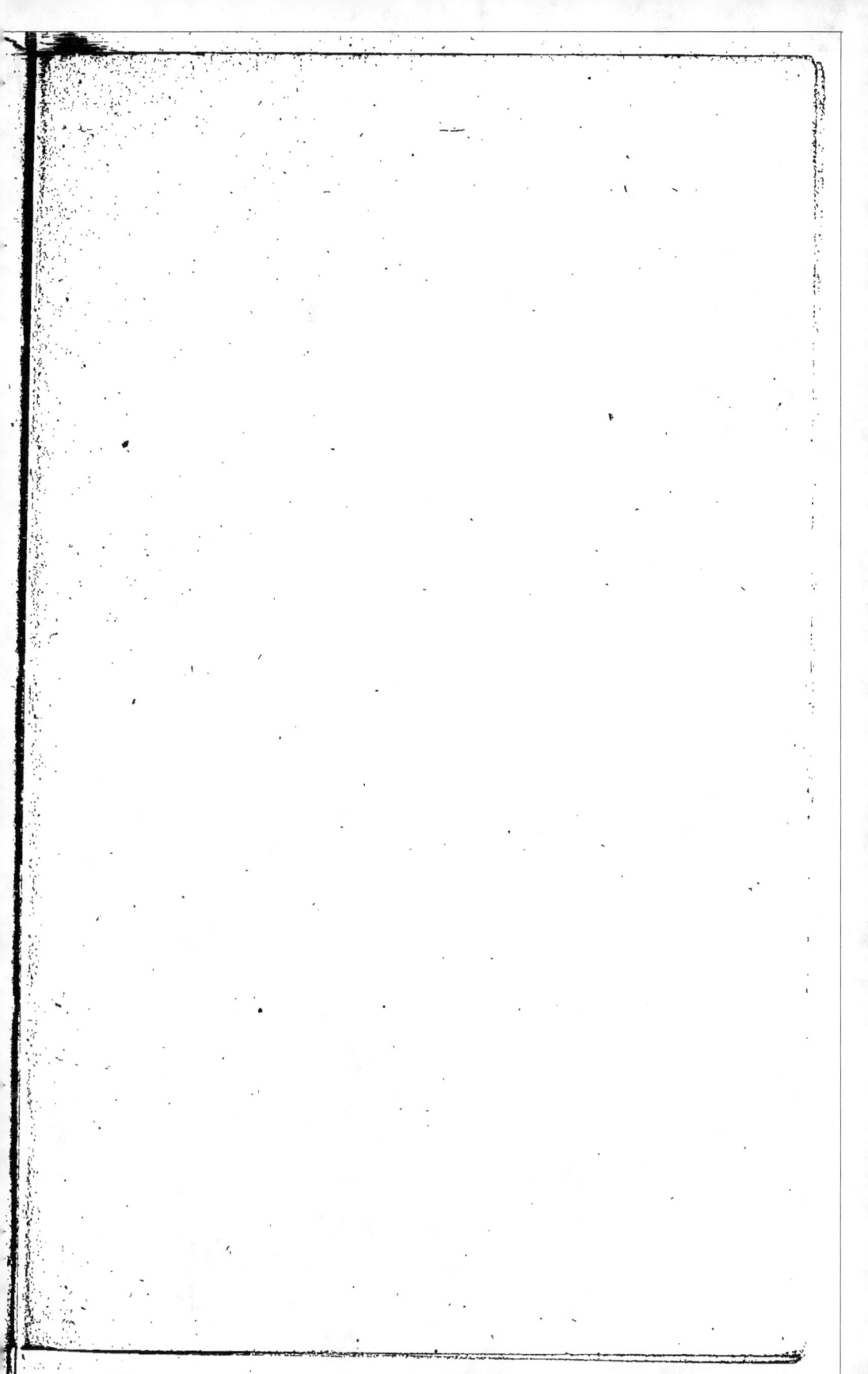

HYGIÈNE MILITAIRE

A LA MÊME LIBRAIRIE

Paris. — Imprimerie J. DUMAINE, rue Christine, 2.

HYGIÈNE MILITAIRE

ENTRETIEN

FAIT LE 10 FÉVRIER 1872 A LA RÉUNION DES OFFICIERS

PAR

le Docteur Jules ARNOULD

MÉDECIN-MAJOR DE 1re CLASSE

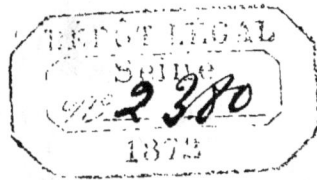

PARIS

LIBRAIRIE MILITAIRE DE J. DUMAINE

LIBRAIRE-ÉDITEUR

Rue et Passage Dauphine, 30

1872

HYGIÈNE MILITAIRE

De la salubrité de l'air dans les camps et dans les garnisons. Substitution de l'hôpital sous tentes ou sous baraques et du campement rural des troupes à l'hôpital classique et au casernement urbain.

MESSIEURS,

Les hommes sont le nerf de la guerre, plus encore que l'argent. Aujourd'hui moins que jamais, on contestera la vérité de cette pensée de Machiavel.

Pour avoir, à l'heure du combat, des hommes, dans toute l'acception du mot, il faut garer des causes de maladies ceux dont on dispose, conserver forts ceux que la maladie n'atteint point et abréger autant que possible la durée des maladies et des blessures inévitables.

Tous les moyens de l'hygiène concourent vers ces trois buts qui, pour bien dire, n'en font qu'un. Cependant j'estime que les mesures qui ont en vue l'atténuation de la vie en commun dans l'armée et la garantie d'un air pur aux soldats, dans toutes les circonstances de la vie militaire, priment toutes les autres par leur importance. Les maladies qui viennent de l'alimentation, du vêtement, des écarts de régime, des imprudences du soldat, des conditions météorologiques, ne sont que des *accidents*; celles qui relèvent de la vie en commun, des

qualités de l'air respiré, sont des *fléaux* ; sans compter l'aggra-
vation que le mauvais air donne aux maladies banales et
l'amoindrissement de résistance vitale qu'il produit chez les
individus.

La mortalité de l'armée, en paix, a été à peu près de 10
hommes p. 1000, chaque année, depuis dix ans ; c'est une
perte de 4,000 hommes pour une armée de 400,000 et les réformes pour cause de maladies grossissent encore ce chiffre.
La mortalité annuelle, en France, sur les hommes de 20 à 35
ans, de la population civile, est un peu moins forte ; mais, si
l'on réfléchit au choix sévère qui a été fait des jeunes gens
destinés à l'armée, au rejet par le Conseil de révision de toutes
les constitutions physiques mauvaises ou suspectes, on ne peut
s'empêcher d'être étonné que les rapports ne soient inverses
et que la plus grande vitalité ne soit pas précisément du côté
de l'armée.

Les soldats habitent les grandes villes ; les maladies qui
causent le plus grand déchet dans celles-ci sont encore les
mêmes qui pèsent le plus lourdement sur le chiffre obituaire
de l'armée ; d'autre part, la mortalité militaire atteint souvent
et dépasse quelquefois la mortalité des villes notablement supérieure elle-même à la mortalité rurale, car, tandis que le
chiffre des décès pour toute la France est de 22 p. 1000, celui
de Paris est de 26. Il y a donc, entre les habitants des villes
et les soldats, une circonstance grave, commune aux uns et
aux autres, qui fait monter également des deux côtés les
chiffres funéraires. Cette chose commune, constante, fatale,
c'est, à première vue, l'air que l'on respire de part et
d'autre.

Il s'agit de voir, Messieurs, s'il est possible de faire échap-
per l'armée à cette cause de déchet en hommes laquelle,
d'ailleurs, comme vous le pensez bien, affaiblit singulièrement
ceux qui n'en meurent pas. Je pense que l'étude de cette
question peut être divisée de la façon suivante ;

1° Déterminer les éléments nuisibles que peut charrier l'air atmosphérique et leurs rapports avec les maladies qui déciment l'espèce humaine ;

2° Indiquer les moyens, que la théorie et la pratique justifient, d'assurer aux agglomérations militaires un air exempt de matériaux morbifiques.

I

L'air atmosphérique, sans nous préoccuper du lieu où on l'examine, est susceptible de renfermer des matériaux inorganiques ou des matériaux organiques.

Mettons tout de suite de côté les premiers ; l'acide carbonique, le plus intéressant de tous les corps de cet ordre, n'est pas toxique ; le serait-il et arriverait-il quelquefois à se trouver dans des proportions un peu élevées dans un air limité, lui et tous les autres gaz dangereux ne produiront jamais que des accidents et pas de maladies étendues aux masses. Les poussières minérales ne sont pas sans importance ; peut-être ont-elles influencé fâcheusement la santé parisienne à cette époque où le besoin d'embellir la capitale remplissait l'air de Paris de nuages pulvérulents, calcaires ou siliceux. J'écarte encore cet agent, qui n'est pas d'habitude, l'hôte inséparable de nos habitations et ne produit pas des effets saisissants. Quant à la vapeur d'eau, nous pouvons négliger son action comme telle en considération du rôle dangereux qu'elle joue à titre de véhicule et de complice des éléments que nous allons envisager, les *matières organiques* de l'air.

Celles-ci proviennent de l'homme ou du sol.

A. Quand on dit que ces matières viennent de l'homme, il

faut l'entendre aussi des êtres dont il s'entoure et des foyers que créent nécessairement les habitudes sociales, pratiquées sur une large échelle. Puisque je viens de prononcer le mot *foyer*, appelons provisoirement ces matières organiques charriées par l'air, *émanations*.

On peut les rapporter à trois ordres naturels, bien que le troisième ordre se sépare plus nettement des deux premiers que ceux-ci ne sont séparés l'un de l'autre ; 1ᵉʳ *ordre*, Emanations *normales* ; 2ᵉ, Emanations *primitivement altérées* ; 3ᵉ, Emanations *spécifiques*.

1ᵉʳ *Ordre.* Tout groupe humain respire et s'alimente comme l'individu ; seulement, il le fait dans un espace limité et, avec nos habitudes de civilisation, dans un espace qui ne se déplace pas plus qu'il ne s'élargit.

La respiration de l'homme met au contact de sa muqueuse pulmonaire environ 1/2 mètre cube d'air par heure; cet air est rendu à l'atmosphère, non-seulement dépouillé de son oxygène, mais surtout chargé de vapeur d'eau et de particules animales provenant de la surface même des voies aériennes. Car, chez les animaux, toutes les surfaces revêtues d'épiderme interne ou externe sont dans un mouvement vital extrême et tel que des débris se détachent à chaque instant de la peau du dedans ou du dehors. C'est dire que la peau proprement dite agit dans le même sens et l'eau qui s'en échappe constamment à l'état sensible ou non, contribue de même à jeter dans l'air des fragments de matière animale. La respiration et la peau des animaux sont dans les mêmes conditions générales que celles de l'homme.

Les besoins de l'alimentation des groupes nécessitent des abattoirs, des préparations de boucherie, des préparations culinaires qui sont autant de sources d'émanations.

L'homme et les animaux qu'il entretient pour sa nourriture, pour les transports ou pour les satisfactions du luxe, entraînent l'obligation de récipients, pour leurs excréments liquides ou solides; quelles que soient les précautions prises, quels que soient les efforts faits par la science et l'industrie, il y a dans les grandes villes, beaucoup de fumiers, beaucoup de latrines et des manipulations plus ou moins inodores des matières contenues dans ces réservoirs. L'odorat dispense d'expériences tendant à constater les émanations de cette provenance, sinon dans les habitations privées, au moins dans les établissements publics, casernes et hôpitaux. En général, on ne trouve pas le moyen d'avoir des latrines décentes quand des centaines d'hommes sont appelés à s'en servir tous les jours.

On ne s'est pas borné, toutefois, au témoignage de l'odorat, bien que les odeurs, au dire des physiciens, soient nécessairement attachées à des parcelles de matière, et que le parfum des lieux habités soit si caractéristique. On a recherché directement les molécules organiques dans l'air, et l'on a naturellement choisi les lieux où les chances de les rencontrer paraissaient les plus nombreuses, savoir les salles d'hôpital, les chambres de casernes.

L'aéroscopie des salles d'hôpital, (je ne vous décrirai pas le procédé) fait reconnaître la présence de débris épidermiques de toutes formes, de brins de charpie, de globules de pus. Il suffit de respirer pendant quelques minutes sur une plaque de verre pour y retrouver, à l'aide du microscope, une foule de cellules de revêtement des muqueuses, plus ou moins repliées ou fragmentées. En condensant sur des ballons de verre refroidis la vapeur d'eau d'une casemate et celle d'une chambre de caserne, toutes deux habitées, M. Lemaire a obtenu un liquide d'une odeur désagréable qui, sous le microscope, présentait de petits corps diaphanes, sphériques, ovoïdaux ou cylindriques, dont le nombre s'est considérablement accru dans les premières heures de l'examen ; ils disparaissaient ensuite pour faire place à des infusoires semblables à ceux qui accompagnent certaines fermentations. On voit, ici, la matière animale et, de plus, on assiste à sa décomposition.

J'ai appelé *normales* toutes les émanations de la vie ordinaire

2

des grandes agglomérations humaines. Mais cela ne veut pas dire, Messieurs, que ces particules organiques gardent leurs attributs primitifs, loin de là. Toute parcelle ainsi détachée de l'économie est morte et rentre sous le domaine des lois physiques ; c'est un cadavre, et il se putréfie, comme tel, sous l'influence d'agents bien connus, l'oxygène, l'eau, la chaleur, etc.

L'air des lieux habités est donc, non-seulement, *animalisé*, mais il est *souillé par la putréfaction*.

Sans doute, l'habitant des hameaux, voire le sauvage des îles, respirent et mangent comme le citadin ; mais ils ont l'espace, des millions de mètres cubes d'air et le libre accès des courants atmosphériques qui dispersent les impuretés. Dans les villes, l'espace est parcimonieusement distribué, le déplacement des colonnes d'air est contrarié par l'élévation et la masse des bâtisses ; les courants y sont si souvent brisés qu'on croirait qu'il n'y a qu'un échange des émanations d'un quartier à l'autre, de manière à assurer mieux une odieuse promiscuité respiratoire.

L'animalisation simple de l'air des grands centres, sans préjudice de quelques autres raisons sérieuses, se traduit par un ensemble que l'on peut appeler la *diminution de l'activité et de la résistance vitales* des villes. C'est l'anémie et le nervosisme traditionnels, reconnaissables même à des caractères extérieurs qui frappent tout le monde et ont fait créer des désignations pittoresques, le « petit-crevé » du boulevard et le « pâle voyou » du faubourg. C'est l'extrême facilité à prendre toutes les maladies, la lenteur à s'en débarrasser, la disposition à les avoir graves. C'est, selon toute apparence, la fréquence extraordinaire dans toutes les capitales de la *tuberculose*, dont l'expression la plus connue est la phthisie pulmonaire. Cette affection cause plus de 10 p. 100 des décès à Paris, plus de 12 p. 100 à Londres, davantage encore à Vienne (Autriche). Dans notre armée, le chiffre total, officiel, des pertes par phthisie (décès et réformes n° 1) est annuellement de 3 p. 1000, et il est remarquable que les pertes les plus fortes portent principalement sur les corps qui ne quittent guère ou ne quittent point Paris, comme sont les Gardes de Paris, comme était naguère la Garde) impériale ; les Cent-Gardes, paraît-il, perdaient annuellement 9 hommes p. 1000, malgré le bien-être particulier dont ils jouissaient d'ailleurs. Disons tout de suite que la maladie disparaît, au contraire, dans les camps, de même que dans tous les lieux où la population cesse d'être serrée et vit au grand air.

Je vous dois ici une remarque. Des autorités sérieuses prétendent que la phthisie est transmissible et que sa fréquence dans les grandes villes est due à sa propagation suivant le mode des maladies contagieuses. Je ne me range pas à cette opinion, pour des raisons que je crois bonnes, et je persiste à penser que la phthisie est la plus haute expression de l'infériorité vitale chez les familles et les individus ; mais, je retiens un fait parmi les nombreuses expériences tentées sur les animaux, en vue de rechercher l'inoculabilité de la matière tuberculeuse. Voici ce fait : on a rendu tuberculeux des animaux en introduisant dans leurs tissus des chairs putréfiées ou en y créant un foyer de suppuration prolongée, c'est-à-dire en livrant à l'absorption une substance-animale décomposée. Ne se rapprocherait-on pas notablement des conditions de ces expériences en respirant, en absorbant journellement un air animalisé, souillé par la putréfaction, et n'y aurait-il pas là une raison directe de la fréquence de la phthisie dans les grandes agglomérations ?

Malgré de minutieuses et savantes recherches sur les matières animales de l'air, on n'est pas allé jusqu'au bout du mystère de leurs altérations successives. Je vous ai dit que l'on y avait constaté le développement rapide d'animalcules infusoires, et j'ajoute maintenant que des infusoires semblables ont été retrouvés dans le sang de certains malades. Mais il ne faut pas en conclure que la maladie est tout simplement la continuation, dans l'économie, de l'évolution de ce petit monde. Ce n'est, jusqu'à présent, qu'une coïncidence très-frappante avec une propriété nouvelle que la matière altérée a acquise, celle d'être *miasmatique*, c'est-à-dire d'engendrer chez les individus qui la respirent avec l'air une maladie générale, toujours semblable à elle-même. Dans ce cas particulier, c'est le *miasme animal* ou *humain*, et la maladie produite est la fièvre typhoïde.

Comme dans bien d'autres cas, l'organisme est le réactif à l'aide duquel nous connaissons la source et la nature de ces effluves malfaisants. Tandis que les petits centres, les villages, sont des séries d'années sans avoir un cas de fièvre typhoïde, elle est en permanence dans les grandes villes, sévissant plus particulièrement dans la saison froide qui pousse à la condensation des populations. Habitant du faubourg Saint-Germain ou du quartier Saint-Marceau, riche ou pauvre, sobre ou débauché, chacun paie son tribut ; ce qui prouve suffisamment que le principe en est dans l'air commun et non ailleurs. Elle cause, à Paris, 9 décès sur 100. Dans l'armée, elle atteint moyennement 6 à 7 hommes sur 1000 et est mortelle dans près d'un tiers des cas.

2e *Ordre.* Quand une grande agglomération humaine a de nombreux sujets atteints de maladies banales, d'ailleurs, comme la diarrhée, les maladies aiguës de poitrine, le scorbut, les affections suppurantes, la faim prolongée, qui est bien une maladie, les émanations versées dans l'atmosphère sont de prime abord entachées d'un vice évident, de nature à hâter leurs altérations ultérieures et à leur donner une nocivité particulière. Le miasme qui en résulte est très-voisin du précédent, mais peut-être plus vivace, car il est plus certainement reproductible par le malade. C'est le miasme *typhique.*

En Crimée, il y avait des diarrhées, du scorbut, de la disette et de grandes suppurations aux ambulances ; le typhus apparut. En Algérie, en 1868, le Arabes avaient toutes les maladies excepté le typhus ; ils avaient faim et suppuraient surtout. Le premier typhique avéré que je reconnus parmi eux, à Constantine, fut un infirmier français, occupé à

soigner ces malades qui, n'ayant pas le typhus, le faisaient
pour les individus sains de leur entourage.

Des circonstances semblables peuvent faire naître le typhus,
même dans les camps. Des faits, dont quelques-uns récents,
portent à croire que le campement au voisinage de cadavres
d'hommes et d'animaux ou simplement le défaut d'éloignement et d'enfouissement des excréments des soldats, sont capables de déterminer le typhus chez des hommes un peu sur-
menés. Cela s'est produit sur l'armée prussienne venue de
Sedan pour le blocus de Paris.

Mais, c'est surtout dans les hôpitaux que se manifestent les
conséquences de la souillure de l'air par les malades ; elles
s'exercent, il est vrai, sur les malades eux-mêmes. Une longue
expérience a démontré que la plus grande mortalité nosoco-
miale est attachée aux plus grands hôpitaux, même lorsqu'ils
paraissent bien construits et outillés pour la ventilation. Les
chirurgiens de Paris ne réussissent qu'en très-petite proportion, dans les hôpitaux, de grandes opérations pour lesquelles
les chirurgiens de la campagne ont des succès étonnants. On
a même pris l'habitude de ne faire que hors Paris certaines
opérations chirurgicales. En Crimée, nous étions souvent obli-
gés de placer sous une tente des blessés qui exigeaient l'inter-
vention du bistouri ; dans la baraque commune, toute incision
se couvrait de pourriture d'hôpital. A Paris même, quelques
chirurgiens des hôpitaux ont placé une ou deux tentes dans
le préau de leur hôpital pour y soigner leurs amputés et les
garantir contre l'érysipèle, l'infection purulente, la septicémie.

C'est ici le lieu de vous faire voir, Messieurs, que les « corps
étrangers » de l'air atmosphérique n'ont pas été, de ma part,
une sorte d'annonce provocante par l'originalité d'un titre. Ces
corps étrangers sont plus qu'une induction.

Quand plusieurs blessés sont dans une même salle, chacun
d'eux suppure plus ou moins régulièrement et chacun d'eux a
une surface saignante très-apte à l'absorption. Si des produits
altérés de l'un sont transportés sur la plaie de l'autre, ce der-

nier les absorbera, et la présence, dans son sang, d'éléments aussi fâcheux déterminera des accidents graves ; c'est l'infection purulente. Comment sont transportés ces éléments ? Ils le sont quelquefois par les instruments du chirurgien, incomplétement nettoyés d'un malade à l'autre ; vous ne doutez pas de l'aptitude de ce moyen de transport. Mais ce qui prouve bien que l'air transporte aussi quelque chose de matériel, c'est que la simple simultanéité de présence de deux blessés dans une même salle occasionne parfois les mêmes phénomènes que ceux qui résulteraient de l'inoculation directe du pus altéré de l'un à la plaie de l'autre.

M. Jules Guérin, en supprimant l'accès de l'air aux plaies, empêche les altérations du pus et arrête aussi les éléments transportés ; l'*occlusion pneumatique* lui a donné de beaux résultats ; mais voici qui est plus frappant.

M. Alphonse Guérin a pensé que l'air lui-même, s'il est pur, est plutôt utile que dangereux, et qu'il s'agit seulement de fermer la porte aux « corps étrangers » ; il s'est souvenu de la pratique de quelques chirurgiens anglais et des *respirateurs* d'ouate de Tyndall, destinés, selon ce dernier, à filtrer l'air devant la bouche et les narines d'hommes exposés aux émanations dangereuses, les pompiers et les médecins, par exemple. M. Alph. Guérin, donc, a institué la méthode des *pansements à l'ouate* et en a obtenu, pendant la guerre, des succès merveilleux. Je ne saurais vous exposer le procédé de ces pansements ; mais je dois ajouter que le chirurgien entoure de précautions minutieuses l'application de son filtre chirurgical ; qu'il fait et défait ses appareils dans une salle à part, que ses paquets de ouate sont religieusement gardés dans une armoire dont il a la clef, qu'il les ouvre lui-même, etc.

Rien ne semble mieux démontrer à la fois la présence et l'action possible de certains corps étrangers dans l'air que cette façon mécanique de les intercepter, tout en laissant passer le fluide lui-même.

3e *Ordre.* Ces complications générales des accidents chirurgicaux, l'érysipèle, l'infection purulente, qui deviennent promptement épidémiques et contagieuses dans les salles d'hôpital, nous amènent naturellement à ces maladies qui se transmettent à distance, de l'homme à l'homme, par l'intermédiaire de l'air, par conséquent, sans préjudice de quelques autres modes plus directs. Pas n'est besoin de vous rappeler un fait d'observation très-vulgaire; quand on pénètre dans une atmosphère limitée qui sert ou a servi à des varioleux, des rubéoleux, des scarlatineux, des cholériques, des typhiques, si l'on n'a pas acquis par la vaccination ou une première atteinte l'immunité relative, on a toutes les chances du monde de prendre la variole, la rougeole, la scarlatine, le choléra, le typhus. Et de même, on sera devenu capable de reproduire pour l'entourage sain, la maladie dont on aura été la victime.

On dirait vraiment une semence qui germe, croît, fleurit et fructifie sur l'homme, passé à l'état de terrain indifférent, et qui reproduit indéfiniment une même espèce végétale ou peut-être animale. C'est pour cela qu'on a appelé ces maladies *spécifiques* et encore *zymotiques* parce qu'on a assimilé le rapport des germes supposés avec la maladie au rapport du développement des *levûres* ou ferments avec certains phénomènes chimiques appelés *fermentations*.

De là à chercher directement les germes, il n'y avait pas loin. La théorie de M. Pasteur, la *panspermie*, si satisfaisante pour un certain nombre de phénomènes chimiques et d'organisation inférieure, avait ici de puissantes séductions. On se mit à la poursuite du champignon de la variole, de l'algue du choléra. Je ne vous initierai pas, Messieurs, aux remarquables travaux faits dans cet esprit, aux découvertes merveilleuses que l'Allemagne et la France ont pu connaître. Cette botanique et cette zoologie des infiniment petits, n'ont pas encore emporté la conviction universelle, tant s'en faut. Une seule chose en reste, c'est que les produits miasmatiques ou virulents des malades, ceux qui passent pour reproduire le

plus sûrement la maladie, sont ordinairement riches en cor-
puscules plus ou moins identiques à des spores ou à des ovu-
les de plantes ou d'animaux microscopiques. Que ces corpus-
cules, cependant, ne puissent être et ne soient souvent le
véhicule des poisons morbides, on ne saurait le nier. Que
l'air les transporte facilement, c'est encore probable, quoique
la preuve directe n'en ait pas été donnée.

Mais, quelle qu'en soit la forme, le miasme varioleux, cholérique, est un corps nouveau, qui n'existait pas dans l'air et qui
y est ajouté par le malade. M. Chauveau pense que le poison
de la clavelée, maladie ovine très-voisine de la variole, existe
sous forme de granulations dans le tissu pulmonaire des bêtes
malades ; il ne le recherche pas dans l'air, mais il fait respirer un mouton sain dans un tube adapté à la trachée d'un
mouton malade ; le premier devient claveleux et il le devient,
évidemment, par l'air expiré du second.

M. Pasteur, non plus, ne démontre pas directement dans
l'air ses germes universels ; c'est la grande objection de
l'hétérogénie. Mais, à vrai dire, tout se passe dans ses expériences comme si son hypothèse était une réalité. Il s'agit de
créer les conditions qui facilitent ou entravent mécanique-
ment l'accès des germes qu'on ne voit pas autrement. Rien
n'empêche que nous agissions de même vis-à-vis des molécules détachées des organismes malades, quelle qu'en soit la
nature ou la forme. Or, un des obstacles à la pullulation des
germes, c'est la grande mobilité ou le renouvellement éner-
gique des couches d'air. Tenons-nous-le pour dit.

Je me souviens aussi que l'auteur moderne, qui a patroné
l'idée de la contagiosité de la phthisie, attache une grande
importance à la poussière des crachats de phthisiques, proje-
tés au hasard dans les habitations, puis desséchés. Je suis
loin de croire à cette origine de la phthisie ; mais, songeant
d'ailleurs à quelques autres maladies positivement contagieuses dans lesquelles on crache, ou encore dans lesquelles la
peau des malades perd, sur le sol, des croûtes et des écailles,

je ne puis m'empêcher de redouter, dans nos habitations, ces poussières qu'un rayon de soleil nous fait apercevoir, et dont les éléments sont en partie des molécules d'animalisation de l'air, quand ce ne sont pas des parcelles de poison. Tout porte à croire, au moins, qu'il en est ainsi quand il s'agit de vastes locaux habités par des centaines de soldats, hommes jeunes, peu soucieux du danger, plus préoccupés du brillant extérieur que de la propreté réelle.

B. Le sol, sans que l'homme y soit pour rien, au moins activement, contribue pour une large part à mêler à l'air atmosphérique des corps étrangers.

Je laisse de côté les éléments miasmatiques d'où naissent le choléra, la fièvre jaune, la peste, parce que si ces fléaux sortent originairement du sol, comme c'est probable, nous ne les recevons, en Europe, que de seconde main, c'est-à-dire par la transmission de l'homme à l'homme, ces maladies ayant la fatale vertu de se reproduire sur le terrain de notre misérable économie.

Ne nous occupons que du principe de ces fièvres que l'on appelle *intermittentes, palustres,* que notre armée d'Afrique connaît sous ce simple nom, « *les fièvres* » et auxquelles, dans ces derniers temps, on a proposé d'affecter plus particulièrement l'épithète de *telluriques.*

Dans quelles conditions naissent ces fièvres? D'un sol marécageux ou inculte, étant donné un certain degré d'humidité et de chaleur. Et, disons-le tout de suite, elles atteignent à une gravité d'autant plus grande, que la température du pays où de la saison est plus élevée. Ajoutons encore que la présence de hautes forêts équivaut, en général, à la mise en culture; c'est une manière, aussi, d'utiliser la fécondité du sol.

Le principe de ces fièvres est un corps étranger répandu dans l'air par les émanations du sol, à la faveur de la vapeur d'eau qui s'en élève. L'immunité des villes en pays à fièvres, celle des lieux suffisamment élevés au-dessus des brouillards, l'impunité du voisinage des marais au milieu du jour, la pos-

sibilité de se garantir par un rideau d'arbres contre un foyer palustre, prouvent qu'il en est ainsi. M. L. Colin a matérialisé le fait dans la description suivante : « tous les matins, des hauteurs du Quirinal (Rome), nous apercevions à nos pieds une vaste nappe blanche qui, des portes de la ville, se déroulait jusqu'à la base des montagnes qui limitent le bassin de Rome : constitué par la précipitation nocturne des vapeurs atmosphériques, ce brouillard couvrait uniformément toute la campagne romaine..... Nous ne voyions complétement émerger que la ville même, près de nous, et au loin les nombreuses cités appendues aux flancs des monts Albains, à chacune desquelles nous eussions pu, de notre observatoire, assigner approximativement son degré de salubrité d'après son degré d'altitude au-dessus de ce brouillard. »

Il est très-curieux de constater que ces fléaux, la fièvre alustre, le choléra, la fièvre jaune, respectent les grandes altitudes et les altitudes très-froides, comme si elles étaient, en effet, des corps denses qui ne peuvent s'élever, ou des semences antipathiques aux climats trop éloignés de celui de leur berceau.

Vous devinez déjà que chimistes et médecins ont cherché à préciser la nature de ces corps étrangers, à découvrir ces semences de l'intoxication tellurique. Je vous ferais grâce de ces recherches, qui ont surtout constaté la matière organique altérée, si dans ces derniers temps la découverte de Salisbury, médecin sur les bords de l'Ohio, n'avait fait un certain bruit. Salisbury a trouvé, dans l'air des marais, les spores d'une algue du genre *palmelles*, et la fièvre n'est pour lui autre chose que l'évolution de ces spores dans l'économie. Les commentaires théoriques de l'auteur ont ruiné d'avance sa base pathogénique ; on ne conteste pas les palmelles, mais on ne trouve pas que Salisbury, en produisant des fièvres par ces spores, se soit suffisamment écarté du sol lui-même qui les avait fournies, avec beaucoup d'autres choses, sans doute.

Il reste acquis que le principe des fièvres vient du sol,

qu'il est quelque chose d'organisé peut-être, d'organique pro-
bablement, de matériel à coup sûr et comme tel, soumis aux
lois physiques et mécaniques, mobile comme l'air qui le sup-
porte, mais plus lourd que lui. C'est tout ce qu'il nous importe de savoir.

Je quitterais ce sujet, s'il ne me restait à noter un fait grave
au sujet du choléra de provenance humaine. C'est que, selon
toute apparence, les principes contagieux sont surtout dans
les selles des malades et que, dans quelques circonstances,
dans un campement par exemple, un sol *moyennement per-
méable* peut devenir, si l'on n'y prend garde, le réceptacle du
miasme et un foyer d'émanations cholérigènes. Les caravanes
d'Afrique prennent souvent la maladie en occupant, suivant
leurs habitudes, les campements abandonnés depuis peu par
des caravanes antérieures. S'il arrive que celles-ci aient le
choléra, les suivantes le recueillent.

Il vous a été facile de voir, Messieurs, qu'en prêchant l'atténuation de la vie en commun dans l'armée, j'incline forte-
ment vers la réduction et l'abandon, dans les limites possibles, du casernement et de l'hôpital urbains et réclame la vie
à l'air libre du soldat sain ou malade. Mais je ne pouvais
admettre ainsi la substitution, même temporaire, du camp à
la caserne sans avoir reconnu avec vous les dangers possibles
du sol nu et de l'air des champs, comme nous avons touché
du doigt les périls certains de l'air des villes. Nous pouvons
maintenant aborder la seconde face de la question.

II

Les moyens d'assurer aux agglomérations militaires un air
exempt de corps étrangers dangereux se résument en une
seule formule : faire bénéficier les individus et les groupes du

mouvement ordinaire et du renouvellement naturel de l'air atmosphérique.

Les casernes et les hôpitaux permanents se rapprochent *de loin* de ce but, à la condition d'être construits selon les règles modernes dont les principales sont l'emplacement dans les zones excentriques des villes, l'isolement des habitations ordinaires, la disposition en pavillons isolés et distants, la superposition de deux étages de malades au plus, la séparation des salles d'avec tout autre foyer d'émanation, le petit nombre d'habitants et l'augmentation *progressive* du cube d'air pour l'augmentation arithmétique des malades.

Mais ce qui remplit le mieux les conditions désirées, ce sont les abris mobiles ou provisoires, établis en plein champ, ou tout au moins dans un endroit des villes largement ouvert, comme les places, les promenades publiques et à la rigueur les préaux ou les cours des hôpitaux.

Ces abris se nomment *tentes*, *baraques*, ou encore *tentes-baraques*. J'appelle aussi abri mobile la baraque, parce qu'elle doit être démolie et même brûlée au bout de cinq ou six ans.

Que de pareils abris soient faciles à construire de façon à donner aux habitants de l'air largement renouvelé ; qu'il soit aisé aussi de choisir le sol et le lieu de manière à ne pas s'exposer aux effluves telluriques, cela ne paraît devoir être douteux pour personne. Ce qui est intéressant, c'est de voir à l'œuvre, en quelque sorte, le procédé nouveau et de constater directement ses effets sur la santé militaire. Des défauts imprévus, peut-être, se révéleraient-ils par l'expérimentation et le résultat définitif ne serait-il pas conforme à la théorie.

Ceci, Messieurs, est simplement une page d'histoire moderne.

Le 19 juillet 1854, l'armée française, réunie à Varna pour l'expédition de la Dobrudscha, était envahie par l'épidémie cholérique. Le médecin en chef, Scrive, voyant l'hôpital de Varna débordé, propose à l'intendant en chef d'établir des ambulances sous tentes pour soigner d'une part les malades ordinaires des régiments, de l'autre les convalescents de choléra. Ce n'était qu'une mesure d'isolement ; mais l'idée était éclose, et, moins de quinze jours après, quand les cholériques, recueillis par centaines tout le long des courtes étapes de cette expédition funeste, refluèrent sur le plateau de Varna, il n'y avait plus qu'à suivre, dans toute son extension, la voie indiquée ; M. Michel Lévy, arrivé à Varna le 21 juillet, comprit que là était la ressource salutaire et, par ses soins, des hôpitaux sous tentes furent élevés pour les cholériques eux-mêmes. Les résultats furent tels qu'on se demande si l'on ne doit pas à l'hôpital sous tentes d'avoir pu pousser plus loin l'expédition d'Orient. Indépendamment des barrières opposées de la sorte à l'extension de l'épidémie, il fut constaté que les pertes par le choléra, qui étaient de 100 hommes sur 166 malades aux hôpitaux de Varna, se réduisaient à 100 décès sur 376 malades, dans les tentes.

M. Michel Lévy a l'immense mérite d'avoir érigé en système l'hôpital de guerre sous tentes ou sous baraques, d'avoir sollicité de tout son pouvoir le commandement et l'administration à entrer dans cette voie, d'avoir saisi de la question les corps médicaux officiels. Tout en lui donnant raison en principe, on mit dans l'exécution de ses données une singulière mollesse. Plutôt que de multiplier, en Crimée, les hôpitaux sous tentes en été, sous baraques en hiver, on recourut à ces effroyables évacuations dont l'influence sur la mortalité de la guerre d'Orient est incalculable. L'hôpital-baraque, pourtant, prenait merveilleusement chez nos alliés Anglais. La mortalité, chez leurs blessés, fut de 10 p. 100 ; la nôtre de 24 p. 100.

Ce n'est pas tout. Dans notre belle France, nos idées paraissent être comme certains de nos vins ; elles ne nous semblent bonnes qu'après avoir voyagé. M. Michel Lévy n'étant ni Prussien, ni Yankee, on ne crut pas devoir se préoccuper, ici, de son système hospitalier ; il dut, pour être trouvé bon, nous être présenté retour de New-York et de Berlin.

Les étrangers, en effet, s'étaient emparés du principe et avaient profité de notre triste expérience. Pendant la guerre américaine de Sécession, tous ces gigantesques hôpitaux temporaires, contenant de 500 à 3000 lits, dont la rapidité de construction et la multiplication nous étonnent, ne furent autre chose que de vastes baraques, établies à l'air libre en pavillons isolés, suivant une disposition rayonnée, en échelons, en éventail. Les ambulances, tant qu'elles ne devenaient pas sédentaires, étaient sous tentes. Les Américains avaient adopté pour cela un modèle de tente double qui n'est point irréprochable. Il faut dire aussi que le matériel, trop peu mobile, était parfois éparpillé avec le personnel sur la route des armées, quand celles-ci avançaient brusquement. Il n'importe. L'érysipèle, l'infection purulente, furent très-rares chez les blessés; sur plus de cent mille, il n'y eut pas 300 cas de pourriture d'hôpital; et les opérations chirurgicales réussirent dans une proportion qui humilierait nos chirurgiens militaires, si leur science et leur talent étaient ici en cause.

Un jour, un agrégé de la Faculté de Paris, faisant une excursion scientifique en Allemagne, y découvrit, à sa grande surprise, la tente et la baraque largement utilisées comme abris hospitaliers d'été dans les villes. Ces surprises n'arrivent qu'à nous. Berlin a des tentes et des baraques dans les cours de ses hôpitaux de la Charité et de Bethanian; Francfort-sur-le-Mein, dans l'hôpital de la garnison; Kiel, Gœttingue, sont pourvues de même. Puis, l'on apprit que, dans ses guerres du Schleswig-Holstein et de Bohême (1866), la Prusse avait eu pour ambulances sédentaires le lazareth-baraque et le lazareth-tente; que les grands chirurgiens allemands, Esmarch, Langenbeck, Stromeyer, dont le nom est européen, se félicitaient des résultats obtenus sous de semblables abris et que les médecins eux-mêmes avaient à se louer du traitement des maladies typhiques sous l'hôpital mobile.

C'est alors que des chirurgiens de Paris s'avisèrent de copier la Prusse et provoquèrent l'installation de petits lazarets d'été sous bois ou sous toile, dans quelques-uns des hôpitaux de la capitale, utilisant pour cela les cours, les préaux, dont jouissent pour la plupart ces établissements. Inutile de dire que chacun s'en trouva bien.

La bonne réputation du lazaret mobile se révèle par l'empressement avec lequel bon nombre de villes d'Allemagne, dès la déclaration de guerre du 18 juillet 1870, se mirent à édifier sur leurs places, leurs promenades publiques, des lazarets de réserve, partie sous toile, partie en planches. J'ai lu, récemment, l'histoire des installations de ce genre pratiquées dans le Wurtemberg, à Stuttgart et en d'autres villes, à Kiel, Breslau, et de nouveau à Francfort et à Berlin. Elles ont d'autant plus d'importance que la Convention de Genève ne tient pas les promesses qu'elle avait faites de permettre de conduire l'ambulance vers les blessés, que l'ambulance-tente du champ de bataille est plus que jamais empêchée et qu'il ne reste qu'à perfectionner les systèmes de transports de blessés et de malades.

Nous aussi, un peu tard, nous nous sommes mis, dans la dernière guerre, à dresser des lazarets mobiles pour les blessés; on a pu en voir, pendant le siége de Paris, aux Champs-Elysées et sur l'avenue Uhrich dirigés surtout par les sociétés de secours étrangères. Les résultats obtenus dans ces installations provisoires sont faits pour éloigner à tout jamais la médecine de recourir à l'appropriation des locaux en bâtisses, fussent-ils des palais.

Voilà, Messieurs, ce qui se passe pour les malades mis au grand air. A vrai dire, en temps normal, le lazaret-baraque et surtout le lazaret-tente ne sont destinés qu'à être des abris d'été, et l'on s'arrête le plus possible, dans leur usage, aux limites marquées par les saisons suivant les pays. Pourtant, nécessité fait loi, et souvent la considération de la saison froide n'empêche pas que l'on continue quelquefois à traiter les malades et les blessés sous la baraque et même sous la tente en doublant celle-ci, en munissant celle-là d'un poêle. Cela nous est arrivé en Crimée. Eh bien ! dans de telles conditions, les choses ne vont pas trop mal encore ; elles vont même tout à fait bien quand la construction des tentes et des baraques en permet l'aération intérieure, par des moyens faciles. Le froid n'a pas les dangers qu'on pense généralement.

Il serait bien étonnant que les soldats sains se trouvassent mal des conditions d'habitation qui conviennent aux malades. Cependant, voyons les faits.

Pendant la campagne de Crimée, nos soldats étaient mal logés, mal nourris, avaient toutes les misères du monde, hors une, l'air des villes. Eh bien ! les décès par phthisie y furent « presque nuls » ; la phthisie, vous vous le rappelez, est la maladie que nous avons surtout mise en rapport avec l'usage prolongé d'un air animalisé ! Les maladies typhiques causèrent de grands ravages ; mais vous savez que la création du miasme typhique ne provint pas du campement lui-même.

L'Empire créa le camp permanent de Châlons. Je ne considère pas les côtés nombreux par lesquels il péchait ; en somme, c'était une grande agglomération militaire mise au grand air pendant une bonne partie de l'année. Or, les rapports des divers médecins en chef qui s'y sont succédé constatent un abaissement de la mortalité militaire sur les troupes du camp et, en particulier, une diminution notable des maladies de la vie en commun. Ce n'est pas tout : les troupes en revenaient avec un degré plus élevé de résistance vitale. Vous savez comment les boxeurs anglais se préparent à recevoir des coups de poing qui morfondraient un homme ordinaire ; c'est par la culture préalable des fonctions de la peau. Pour le soldat, ce qui prépare sa peau à braver impunément les caprices de l'air, c'est précisément d'être plongé pendant cinq ou six mois dans un bain non interrompu de grand air.

Ai-je besoin de vous citer nos troupes d'Afrique, si aguerries, et qui, malgré un climat excessif et un sol à émanations meurtrières, ne fournissent pas beaucoup plus de décès, proportionnellement, que les troupes de l'intérieur?

J'ai peu de notions sur ce qui se passe à l'étranger, en fait de campement. Cependant je trouve dans un travail fort bien fait d'un médecin de la garnison russe de Varsovie, les données suivantes : Pendant les trois mois d'été pendant lesquels les troupes campent, la moyenne d'entrées à l'hôpital est de 847; dans les mois d'hiver, de 1088 par mois. La mortalité varie à peu près de même. En hiver, elle pèse particulièrement sur l'infanterie qui ne sort guère de la caserne; elle est beaucoup plus faible sur la cavalerie, qui s'exerce au manége et est forcée de sortir les chevaux, et sur l'artillerie, qui a des manœuvres de tir en tout temps. De plus, les soldats, au retour du camp, ont une vivacité, une mine de santé qui contraste avec la physionomie fâcheuse des longs jours de casernement (1).

Jusqu'à présent, je n'ai pas dit, Messieurs, qu'il fallût absolument généraliser la méthode du campement à tous les temps et à tous les lieux. Pour bien dire, je ne le pense même pas.

(1) En Prusse, les troupes sont casernées pendant dix mois et *cantonnées* pendant deux mois. Le cantonnement est un très-bon système, très-approprié à la pratique de la guerre, mais qui trouverait peut-être plus d'un obstacle à s'établir en France. Quant au long casernement, malgré les appareils de ventilation artificielle auxquels on croit encore en Allemagne, je doute qu'il soit favorable à la viabilité des troupes prussiennes. A défaut de renseignements, supposons que leur mortalité se rapproche, comme chez nous, de celle des villes. Or, la plupart des villes d'Allemagne ont une mortalité supérieure à celle de Paris, qui est de 26 pour 1000; ainsi, Berlin a 28 décès pour 1000 habitants; Mayence, 28; Dresde, 29; Bingen, 30; Nuremberg, 30; Hambourg, 34; Breslau, 36; Dantzig, 36; Munich, 36; Posen, 37. La mortalité moyenne annuelle, en France, étant de 22,8 pour 1000, elle est en Prusse de 25,8; en Bavière, 29; en Saxe, 29; en Wurtemberg, 31. Il est vrai que la proverbiale fécondité germanique rétablit et au delà l'équilibre.

L'abri, pour être parfait, ne doit pas seulement assurer à l'homme le renouvellement copieux de l'air ; il faut encore qu'il protège efficacement contre l'excès, en plus ou en moins, de la température extérieure. Il y a donc des restrictions à faire pour les climats chauds et pour les hivers habituels de nos pays, relativement à l'habitation sous tentes ou sous baraques. Soit dit sans accepter purement et simplement les exagérations vulgaires sur les effets du chaud ou du froid en eux-mêmes et sous réserve de la possibilité de construire des tentes ou des baraques fraîches en été, chaudes en hiver, relativement au moins.

Quoi qu'il en soit, une vaste expérience s'accomplit en ce moment, sous nos yeux, qui étend même à la saison d'hiver le campement rural des troupes. Loin de moi la prétention de la juger jamais et surtout avant que les résultats et le temps aient parlé. Cependant, au point de vue médical, je ne saurais m'empêcher de croire qu'on a eu raison de la tenter.

Certes, on a commis bien des négligences qui peuvent compromettre le succès de l'entreprise. Le terrain d'emplacement n'a pas toujours été bien choisi : il est parfois trop plat ou trop surbaissé ; les baraques sont d'une construction primitive, d'un cubage un peu parcimonieux, et sans moyen de ventilation que les portes et les fenêtres; on ne leur voit pas le *Dachreiter* ou faux toit qui devrait en surmonter le faîte. Aux approches des camps, l'odorat vous avertit quelquefois que la police des boucheries et des latrines, prévues et surtout imprévues, laisse à désirer.

Cependant la santé de l'armée est bonne, très-bonne même. L'épidémie assez sévère de fièvre typhoïde qui a signalé le commencement de l'hiver à Paris n'a fait qu'effleurer les soldats. Ils n'ont connu qu'une épidémie de jaunisse dont personne n'est mort. Il est juste d'ajouter qu'en général leur physionomie et leurs allures sont des plus satisfaisantes.

Encore une fois, je ne soutiens pas le campement d'hiver; mais il faut bien convenir que les objections que lui adressent les journalistes, gens d'omniscience, comme on sait, sont peu sérieuses et n'ont pas prise sur le principe. Une seule, d'ailleurs, serait péremptoire, l'augmentation de mortalité. La statistique nous donnera, l'année prochaine, des chiffres précis ; jusqu'à présent, il ne paraît pas qu'on doive s'inquiéter.

Les soldats ne sont pas contents, dit-on. A force de le dire, cela pourrait bien arriver. Mais ce qui est le plus agréable n'est pas toujours le plus utile.

Les baraques sont mal faites ; — qu'on les construise mieux. — Il y a de la boue dans les camps ; — qu'on y fasse des routes et du drainage. — On subit toutes les intempéries de la saison ; — avez-vous espéré ne faire la guerre que par le beau temps ?

Les baraques sont des constructions coûteuses. — La vie des hommes et les soldats capables de gagner des batailles sont hors de prix. D'ailleurs, ne fait-on pas, à Paris, des hôpitaux qui ne valent rien et où le loyer d'un lit varie de 800 à 4,000 francs, pour des gens à qui l'on ne doit que la *charité*.

On ne s'amuse pas dans les camps et l'on ne s'y instruit guère. — La première objection n'en est pas une, mais la seconde m'est à cœur. Je l'ai entendue, d'ailleurs, de la bouche d'hommes si sérieux que je suis forcé d'y trouver un fond de vérité. La matière n'est pas précisément de la compétence médicale, mais il faut la connaître pour concilier ses exigences avec celles de l'hygiène.

L'instruction pratique des hommes et des officiers languit, à coup sûr, par le mauvais temps, dans les camps comme à la caserne, sinon plus ; l'instruction théorique des officiers est gênée, sans doute, par l'éloignement des sources, les bibliothèques, les librairies.

Il y a bien quelques livres dans les camps et ce n'est pas toujours l'abondance qui fait le savant ; il ne suffit pas, non plus, d'être près de la source ; il faut y puiser. Mais admettons cette lacune et, en applaudissant au besoin de s'instruire qu'éprouvent nos officiers, cherchons à leur en donner les moyens sans faire souffrir du casernement urbain la santé de nos défenseurs.

Je proposerai les agissements suivants, et ce sera ma conclusion :

1° Organisation régionale de l'armée. Il est probable que ce système sera adopté et permettra de

2° Garder dans des camps toute l'armée active, du 1er avril au 1er novembre. Dans ces conditions, il serait possible de renoncer à la baraque, mauvais abri d'été plus encore que d'hiver et qu'il est, dans tous les cas, difficile de construire *à deux fins*. On la remplacerait par la tente, en essayant des perfectionnements aux tentes actuelles ; la tente d'ambulance de M. Lefort, à paroi double et à demi verticale, est un progrès à utiliser. On pourrait encore faire des essais du cantonnement, rendu plus facile par ce fait que les soldats répartis dans les villages seraient à peu près du pays.

3• Renvoyer dans ses foyers, pendant les cinq mois d'hiver, environ les trois quarts de l'armée. L'autre quart, disséminé dans les casernes actuelles, y aurait de l'air et de l'espace ; il comprendrait tous les officiers, la plupart des sous-officiers et, dans tous les cas, les instructeurs, les maîtres d'armes, de gymnastique, et tous les soldats disposés à le devenir. Dans ces cinq mois, les officiers se livreraient à un travail dûment régularisé et se mêleraient à la société.

4° Appliquer aux hôpitaux des camps le système des baraques et des tentes, en l'étudiant mieux encore qu'il ne l'a été jusqu'ici, mais en évitant de refaire à peu près les anciens hôpitaux, sauf qu'ils seraient en bois, comme on arrive à le pratiquer dans quelques villes d'Allemagne (Berlin et Leipsig).

Saint-Cyr, le 8 février 1872.

PUBLICATIONS DE LA RÉUNION DES OFFICIERS

XVIII-XIX. — **Considérations théoriques & expéri-mentales au sujet de la détermination du calibre dans les armes portatives**; par J. L., capitaine d'artillerie. — Brochure in-12. . . . . 50 cent.

Règlement sur les prestations allouées pour le logement des troupes en temps de paix. Traduit de l'allemand par M. le commandant Pérard.

Règlement sur les prestations en nature des troupes prussiennes en temps de paix. Traduit de l'allemand.

Étude sur le recrutement prussien. Traduit du livre sur l'organisation de l'armée allemande du général Witzleben. (Ce travail commence une série.)

Entretien du 6 février 1872, fait à la Réunion des Officiers, sur l'armée prussienne; par M. Lahaussois, sous-intendant militaire.

Manuel d'hygiène à l'usage des sous-officiers & soldats; par le docteur Bürgkly. . . . . 60 cent.

93

www.ingramcontent.com/pod-product-compliance
Lightning Source LLC
Chambersburg PA
CBHW060752280326
41934CB00010B/2451